JN411778

어느 인생

박이도 시집

문학의전당

너무나 가벼운 걸음이네
그림자 따라 때 돌리고
어디로 가는 걸까

경인년 가을날에
박이도 님의 시 돌섬

어느 인생

이제야 내 뒷 모습이
보이는구나
새벽 안개 발을
사라지는 모습

A Certain Life

Nowadays I have recognized the sight of my back.

The figure fading away into the foggy field at dawn,
It is a gait as light as a feather.

I wonder where you are heading for,
Leaving out your shadow even.

Trans. Johng Ho Lee

ある人生

今になって自分の後姿が見える

夜明けの霧が畑に消え去る姿
あまりにも軽い足取りだ

影まではぐらかして
どこへ行くのだろう

권태명 역

| 차례 |

2부

3부

4부

1부

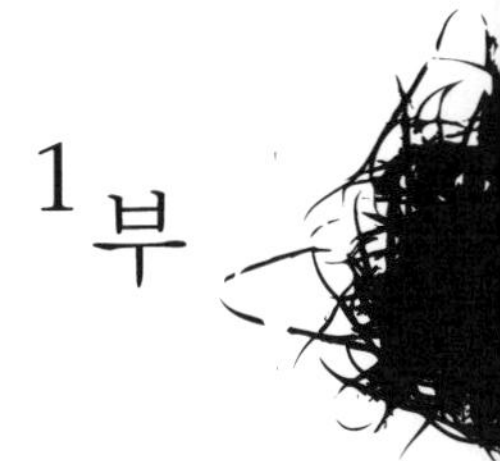

묵향의 비밀

서당에 가서 글공부했다는 형들의 얘기를 들을 때면,
나는 기가 죽었다

엄한 훈장님한테 회초리 맞던 얘기보다
천자를 일곱 살 때 다 떼었다는 말보다
벼루에 먹을 갈아 놓고 훈장님 기다리며,
눈치만 보던 아이들의 코에 스며들었을 묵향 냄새를
아직 기억하고 있나 물어보고 싶었다

문방사우文房四友 가운데서 벼루에 먹물 가는 심부름을 한 번
해 보았더라면… 그 그윽한 향내를 아직 맡을 수 있었다면…

먹물을 갈며

일필휘지一筆揮之로 춤추는 붓 끝에
촉촉이 배어나는 그윽한 묵향墨香
그 묵향의 세월 속에
저는 오늘
일조당日照堂* 에 앉아 먹물을 갑니다
사약賜藥을 받아든 정암靜庵의 마지막 사부辭賦
'백일임하白日臨下～' 를 읊조리며
먹물을 갑니다

5백년 느티나무 그늘 속의 연못,
고풍한 정취에 잠든 못 물을 길어다
벼루에 먹물을 가는 서생이 되어
훈장님의 가르침을 받는 초동樵童이 되었습니다

심곡서원深谷書院
훈장님의 첫 날 말씀은
서예의 오합五合과 오괴五乖를 천연스레 강론하시었습니다

평생의 소원, 먹물을 갈며
그윽히 번지는 묵향에

저는 코를 박고 깊은 잠에 이르렀습니다

* 심곡서원의 강당. 이 서원은 기묘사화 때 사약을 받고 숨진 조광조를 기리기 위해 세워졌다.

안개

새벽 귀 밝은 이는
눈을 감은 채 조용히 귀를 모은다

어둠을 헤치고 밀려오는
파죽지세破竹之勢
산을 넘고 강을 건너
들을 점령하고
아-벌써 당도했구나
마을 앞 연못에 세수하고
골목골목으로 들어와
마당 꽃밭에 숨는
너의 정체를

살아 숨쉬는
내 숨으로 허파 속속들이
파고드는 너의 생명을

눈을 떠라
끝내 대문을 열어
이 불청객을 맞이하라

폭발하듯
뭉게구름처럼 피어오르며
우윳빛으로 하늘을 가리고
최후를 맞는 순간을

새벽 귀 밝은 이는
귀신에게 홀린 듯
너의 정체가 무엇인지
모른다는 사실을 깨닫고
황급히 대문을 나선다

찔레꽃 헌화사

관동 팔백 리에
감자바위 어디멘가
낮의 뻐꾸기, 밤의 소쩍새
주고받는 은밀한 내통內通,
저 간절한 소리는 뭔고

찔레꽃 향기에
쿵덕쿵덕 뛰는 가슴
아잇적 동정童貞을 훔쳐간
마을 아낙네들의
살 내음 살아나는
저 선소리는 뭔고
찔레꽃 향기에 취한
한 선머슴의 헌화사獻花詞일네

찔레꽃에 코를 박고

마을에서도 후미진 곳, 당산에 이르는 길섶에
찔레꽃이 피어날 때면 마음이 싱숭생숭
환장한 저 남정네들을
누가 보았소

짙은 분향粉香이 돌담 밖으로 솔솔
마나님 살 내음 같아야, 찔레꽃에 코를 박고
안절부절 허둥대는 남정네들을
나는 보았소

귀엣말

내가 아주 작은 목소리로 누구에겐가 귀엣말을 건넨다면, 그는 매우 조심스럽게 손바닥을 펴 귀 부리를 감싸고 내 앞으로 다가서겠지. 그때 내 귀엣말 속에는 내 뜨거운 입김이 함께 그녀의 귓속으로 스며들겠지. 그때 나는 그의 우윳빛 살결에서 풍겨나는 어머니의 젖 냄새를 맡을 수 있다면 아, 나는 행복감을 느낄 수 있을 거야. 처음 말하려고 했던 것은 다 사라지고 내 귀엣말은 어떤 말이었을까? 단 한 마디, 단 한 마디의 귀엣말은 솔직한 탄성! 살아 숨쉬는 내 뜨거운 숨소리뿐일 거야. 아, 귀엣말은 그대로 사랑의 몸짓인 것을…

사랑의 말

그리움에 낙엽 지는 소리
외로움에 바다 멀리 썰물 빠져나가는 소리
가녀린 목소리, 세밀한 가락으로 들려오는 환청
내가 누군가를 사랑하고 누군가에게 까닭 없이 빠져있을 땐
나는 내 정신이 아니었어, 벙어리 웅변하듯,
나는 미쳐버릴 것만 같았지

그대 곁에 다가섰을 때
아, 나는 너무나 막막해 할 말을 잊었어
무엇이라 말해야 할지 넋을 잃었어
사랑의 고백은 어떻게 말해야 할지
처음, 이 감격을 말로는 못하네 어눌하게 아주 어눌하게
귀엣말로 속삭이는 첫마디, 어찌 사랑의 말을 전할 수
있을지, 떨려떨려…

비 오시는 날

그냥 혼자 떠나고 싶었어요
아무도 모르게
고단한 세상살이서 빠져나가
혼자 산에 오르고 싶었어요
멀리 내려다보면, 보면 볼수록
아련히 가물대는 우리 동네
왜인지 나는 더 외로워지네요

천진난만했던 아잇적 마음으로 돌아가
대한민국 만세 !
만세 삼창을 부르고
돌아오지 않는 메아리에
나는 더 서글퍼지네요
개암이나 따먹으며
금잔디 동산으로 소풍갔던
옛날의 아잇적 생각이 나
그냥 눈물이 나네요

철마다 비는 오시고
오늘도 온 나라에 비가 오시네요

눈이 오시는 날

오늘도 개꿈으로 밤을 지새우고 깨어나 창밖을 보니 눈이 오시네.

어느 산골에서의 아침, 까치인사에 깨어나 유쾌한 하루를 들녘에서 보냈을 때처럼 눈이 오시네. 눈이 오시는 날엔 강아지처럼 뛰어 나가고 싶다. 학교 운동장으로 달려가 아이들과 어울려 눈사람을 만들고 싶다. 베를리오즈의 레퀴엠이 내 안에 흐르는 이 아침은 형언할 수 없는 세월의 비애감悲哀感이 설화說話같이 마음을 적시는구나. 왜인지 까닭 모를 눈물이 흔해졌다.

그것이 인생이라면, 이 감당할 수 없는 사태는 얼마나 큰 축복인가.

숨쉬는 백자 항아리

–白瓷鐵畫梅竹文大壺(국보 제166호 · 백자)

안개 밭 은하수에
조각달 스치듯
천지연 미리내에
먹물을 뿌린 듯
오롯한 품
이제, 천 년 전설이 된 설화

비바람의 숨결
흙과 불의 조화 속에
태어난 영물靈物
너는 뉘 영혼을 살고 있나

물끄러미 바라만보다가
나는 눈을 감았네
갑자기 뿜어나는 매화향기
맑은 대 바람소리에
나는 귀를 대고 숨을 죽였네

시간

미지의 시간
신화의 세계
신神의 나라
그 시간의 영원함

내 안의 환상이여

생명의 비밀

누가 내 생명을 주셨는가
누가 나에게 시간을 주셨는가

아침, 나팔꽃에 앉은 이슬이
햇살과 교감하는
저 투명한 생명은 누가 주셨는가

민들레

달구지 길 여기저기
뒤따라간 망아지 소리
들길은 마냥 부산하다

민들레꽃 혼자 피어 무료하신가
수줍은 듯 그리움인 듯
그리움은 끝내 사랑으로 농익어
바람 따라 온 들녘으로 떠나간다

시간은 민들레꽃을 놓아주고
방목한다

2부

절정의 순간

지는 노을의 한때,
유유히 흐르는 강물은 소리 없이 꼬리를 감춘다
속삭이듯 귀에 스친 새 소리
바스락 바스락, 청설모가 날고뛰며
나뭇가지를 흔드는 소리
방금 내 발밑에 밟힌 낙엽이 부서지는 소리
지금은 나와 자연의 숨결이 교감하는 시간

쉬 다가와 나를 감싸주는 이 어둠은
나를 눈뜨게 해
순간마다의 풍경이 사라지는 모습에서
홀로인 내 모습이 낯설어진다

풍경 속의 한순간
한순간 속의 풍경
예상하지 못한 찰나의 절정
홀연히, 절정의 순간은
사라짐의 아름다움이네, 이 가을에

우리 집 풍경

이른 아침
닭장에서 수탉이 홰치는 소리
소리 없이 먼동이 트는 빛의 소리
마당으로 내려서는 할아버지의
헛기침 소리
큰 싸리비로 마당을 쓸어내리는 소리
마당 밖 미루나무에서 짖는
까치 소리
마당가 우물에서 물 깃는 어머니의
두레박이 우물 벽에 부딪히는 소리

나는 꼼짝 않고 잠자리에 누운 채
우리 집 뜰 안의 아침풍경을 다 보았어요
어머님께서
"애야, 빨리 일어나 닭 모이 주어라"
하실 때까지,
나는 그제야 부스스 잠깨는 시늉을 했어요

이제는 마음속에만 남은 우리 집 풍경
어머님은 하늘나라에 가시고

"나 어느 곳에 있든지 늘 맘이 편하다"
어머님이 즐겨 부르던 찬송소리만
내 마음속에 들려옵니다

아침은 어디에서 오나

아침은 어디에서 오나
새날의 소망은 어디에서 오나
기나 긴 밤, 어둠의 대지에
인고忍苦의 시련을 넘어
역사의 새 주인이 될
금줄 두른 오늘의 새 주인은
어디에서 오나

인류의 미래를 비추어 줄
오늘의 목민심서를 펼 자가
새해엔 오시려는가
우리들 마음의 자유,
우리들 영혼의 평화를 위해
세세에 누릴 새날의 새 주인은
정령 오시려는가

맑은 시냇물에 송사리가 살아있고
들꽃이 만발하고
멀리 지평을 향해
아침의 햇살을 따라

희망을 숨쉬는 자 너는, 너는
진정 내 꿈속에서 오는구나

봉헌곡에 부쳐
—포레의 레퀴엠

이른 새벽
나는 맑은 정신으로
당신의 허파 속으로 들어간다
솟아나며 무리지어 파문지는
샘물 속의 숨결을 듣는다

내 육신의 감각은 사라지고
시간의 허공으로
정중히 걸어 들어가면

가브리엘 포레
당신의 신앙고백 봉헌곡에
내 무게는 날아가고
환희와 경건의 화음이
사계四季처럼 변주되며
뜬다, 뭉게구름처럼

오늘 아침
나는 어머님을 뵈오러 떠난다
살아서 간절히 부탁했던

잠언서를 들려주려
울창한 숲 속 햇살이 숨쉬는
동산으로 간다

내 귀는 당나귀 귀

동이 트는가? 새벽이 오는가?
홀로 가는 세상
숲 속을 찾아 들어 가면
내 귀는 당나귀 귀
쑥 쑥 귀가 자란다
미세한 숨소리마다
생명의 감정이 들려오는 소리에 집중한다
나는 짐승의 본능으로
내밀한 육감의 소리까지 엿듣는다

내 숨소리는 환청으로 이어지고
아직 잠들어 깨어나지 못한 생명들의
느린 숨결이 풍선처럼 떠오른다

이슬 맺힌 나팔꽃 무더기에서
햇살 맞아 내어뿜는 물의 정기
그 생명의 소리에
내 귀는 당나귀 귀

사다리

끝이 보이지 않는 사다리
하늘 높이 솟은 그물을
나는 언제부터 오르고 있는가
짙은 안개 밭에 서서
밑을 볼 수 없는 지금,
지나온 과거를 모르는
나를 모르는 어둠 속에서
삶과 죽음이 마주치는
그 순간을 모르는 지금

끝이 없는 사다리를
나는 매일매일 오르고 있음을
거미줄에 매달린 거미처럼
내 자리를 가늠할 수 없는가
사다리는 끊어지지 않는
영원인가, 찰나인가

미루나무 세 그루

우리 마을 당산 길에 키 큰 미루나무 세 그루가 자랍니다. 그 중 가장 높은 곳에 까치집 하나, 매일 아침 까치 한 쌍이 집집마다 찾아와 아침인사합니다.

잠꾸러기 아이들은 어서 일어나 뛰놀라고 뒷산자락을 한 바퀴 돌아옵니다. 때때로 구름 한 점 미루나무 꼭지에 걸려 깃발처럼 펄럭입니다. 일꾼들은 어서 나오라고, 철따라 시간 따라 부지런히 일하라고 펄럭입니다. 한밤의 도적같이 바람이 일 때면 비로소 미루나무는 제 목소리 내어 자연의 말을 합니다.

육신이 아파 고통 하는 이, 마음속에 홀로 괴로움을 숨기고 있는 이의 마음은 아무도 모릅니다. 미루나무를 쓰다듬는 바람결의 힘찬 생동감을 체험해 보셔요.

〈바람이 임의대로 불매 내가 그 소리를 들어도 어디서 오며 어디로

가는지 알지 못하나니 성령으로 난 사람은 다 이러하니라.〉*

낮에는 햇별에 반짝이고 밤이면 달빛에 숨는 미루나무 잎사귀처럼

오늘은 정결한 생명의 힘으로 일어나셔요. 미루나무 세 그루에

희망의 소리, 부지런한 일꾼의 푯대, 육신의 눈에는 보이지 않는

하나님의 손길, 사랑의 숨결을 체험해 보셔요.

오늘도 우리 마을 당산 길엔 미루나무 세 그루가 높이, 높이 자라고

있습니다.

* 요한복음 3 : 8

두엄을 퍼내며

입춘엔 굼벵이도 기지개를 켜나 부다
겨우내 얼다 녹다 지린내에 찌들은
두엄더미에서 굼벵이 한 마리, 두 마리
햇살에 눈이 부신 듯 꿈틀대는 모양이 힘차 보인다

천수답엔 몇 지게나 퍼낼까
감자, 콩밭에도 넣어야지

두엄을 퍼내는 농군의 얼굴엔
호박꽃처럼 큰 꿈이 피어난다
얼굴에 흐르는 구슬땀은 햇살에 닦아내고
등에 흐르는 구슬땀은 이슬비에 씻겨내는
춘삼월이로다

항상 정직해라

먼 길 가는 일행이 산적을 만나 노자路資를 다 빼앗겼습니다. 두목은 마지막으로 아직 몸에 숨긴 것이 있으면 다 내놓으라고 호령을 했습니다. 그때 한 소년이 어머님이 옷소매에 숨겨 꿰매주신 돈이 더 있다고 실토했습니다.

사연인즉, 평소에 '정직한 사람이 되라'는 교훈을 어길 수가 없었다고 말했습니다. 순간, 두목은 자신의 어머님께서도 어릴 적에 정직한 사람이 되라고 했던 말씀이 떠올라 눈시울이 붉어졌답니다.

그 산적은 노자를 다 돌려주고, 선한 사람이 되었다고 합니다.

부모님의 '항상 정직하라'는 말씀을 새겨 두었던 한 소년이 산적山賊, 두목의 마음을 돌이키게 했답니다.

당신은 오늘까지 살아오면서 어머님의 잊히지 않는 말씀은 무엇입니까?

시간을 감지하라

정지된 숨결
흐르는 시간의 고요
눈, 감으면 내 안의
침묵의 세계가 열린다
화음和音의 날개
결코 육신의 귀로는 들을 수 없는
희열이 고동친다
무한無限으로
깊이 빠져 들어가는 시간
그 시간을 감지하라
영원한 시간
침묵의 세계, 미지의 세계
내 안의 영원한 화해

개구리 합창

민들레 피고 지는 나라
골짜기를 돌아
너른 논배미엔
이제 초록의 평원이 왔구나

개굴개굴
한두 마리가 발성연습을 하듯
개굴개굴 깨 개굴
밤이 이슥해지면서
떼로 일어나는 울음소리

아카시아

꿀벌들의 흰 얼굴
아카시아꽃 천지에 피어나니
칠성각 돌무더기에서
캄캄한 어둠을 골라
나는 너의 입술을 훔쳤노라

6월의 훈풍에 퍼붓는 꿀 향기
아~ 나는 오늘도 너의 입술에 젖어
아카시아 꽃향기에
벙어리가 된다
차라리 벙어리가 더 좋아

3부

빙벽氷壁 앞에서

드디어 나는 빙벽과 마주 섰다
무너져 내리는 빙벽을 바라보며
지구의 미래를 생각해 보았다

무한한 우주의 신비神秘
강고한 억겁의 결의決意
외경畏敬의 위의威儀
이 절대의 기상氣像 앞에서

나는 절망의 행위,
허무의 연주演奏를 보고 있다

나는 부드러운 초원의 생명으로
미래를 꿈꾸고 싶다

사라지는 빙산氷山

나는 풍경 속에 박제가 되었다
미라처럼 박제된 생명으로 숨쉬고
빙산은 녹아내려 황소 등이 되고
그 등성이의 골짜기마다
억만 겁의 샘물이 흐른다
빙산이 사라지고 있다

이제, 허물 벗는 파충류처럼
풍경 속에서 나와
폭풍의 바다보다 더 사나운 설원을 향해
뚜벅뚜벅 발자국을 남기며
나는 어디로 사라지는가
빙산의 흔적은, 인류의 역사는
끝내 사라지려는가

돌

너는 地上의 별
아직 이름 붙일 수 없는
原始의 形象

물 먹은 강돌이
색깔로 드러나며
꽃의 形象을 짓는다

햇빛 먹은 물돌은
살아나는 몸짓으로
새의 形象을 짓는다

말씀이여
무엇이라 이름할까
이 地上의 별자리에
하늘이 내려앉아
太古의 침묵을 깬다

찰나刹那

잠시, 숨결을 멈추고
할 수 있는 대로 숨을 오래 멈추고
생각함도 멈추어
나와 세계가 사라지는
멈춤의 순정율純正律을
고요히 그침(靜止)의 희열喜悅을,
한순간을 지워

진정, 그 찰나刹那를 위하여

더디 오는 봄밤

노곤한 육신은 눕자 하고
겨우내 묶였던 마음은
들로 산으로 내닫자 하네

봄밤엔 왜 이리 어둠이 더뎌오는 것일까
곡절인즉, 당산나무 아래까지 몰려나온
동리 개들의 축제 판이 벌어진 탓

봄밤의 어둠은 천천히 밀려오면서
동구 밖 하늘 재까지 짖어대는 선소리에
주춤 주춤 동리 인심을 살피느라
더디다 하누나

梨泰院초등학교

이 가을엔 내가 뛰놀던 이태원초등학교 운동장으로
달려가리라
가을 운동회 날 만국기 깃발이 나부끼는 곳,
오색 색종이가 파란 하늘에서 쏟아져 내리고,
징소리 꽹과리 소리, 저 많은 엄마 아빠들,
해바라기처럼 환한, 함성이 터져 나오는 소리에
우리들의 귀는 소라귀가 되어 먼 바다의 파도소리 같은, 손뼉 치는
소리에 마음이 출렁거리던 그 가을 운동장으로 달려가리라

오늘, 텅 빈 운동장엔 어둠처럼 적막이 잠기고 시간의 비애만
낙엽 따라 뒹구는구나
이 가을엔 어디론가 또 떠나야 하지 않겠는가

이슬

어디에선가
이슬은 어둠을 헤집고 오신다
어디에선가
해는 어둠을 물리치고 오신다
이슬은
노란 햇살을 맞아 드디어
투명한 생명체로 살아난다

이슬과 해가 함께 이끄는
경이로운 우주
지상의 만물은 오늘도 안녕하신가?

한 물 간 사람

내가 혼자일 때는
왜 따뜻한 눈물이 나는 건지

전에도 그랬지만
지금은 좀 더 많은 눈물이
염치도 없이,
하염없이 흐르는 건지

이 나이, 다 되어 보니
울고 싶어도 울 곳이 없구나
남몰래 흘리는 눈물은
왜 이리 따뜻하고 포근한지,
어머니 젓 두덩에 얼굴 파묻고 잠자던
옛날, 옛적의 추억이
왜 이리 평안하고 행복해지는 건지

한 물 간 사람은 알 거예요
한 물 간 사람은 다 알 거예요

무상無償의 은혜

하늘길 따라 밤은 소리 없이 오신다
노을길 따라 어둠은 숨죽여 오신다
밤은 어둠을 몰고 오신다

누가 밤이 두렵다고 하나
누가 어둠이 무섭다고 하나
밤은, 하루의 수고한 자를 귀로에 오르게 하시니
평안과 휴식을 주시고
어둠은, 마음에 해방과 평화를 주려 오시는
신의 은밀한 무상의 은혜

밤은 어둠을 몰고 오신다.

이내

새벽이 오는 소리에
세상은 눈을 뜨고
나는 숲 속으로 간다
모여드는 짐승들과
간밤의 꿈꾼 이야기로 목을 축이고
다가올 계절의 설화를 이야기한다
나는 계절의 전령사傳令士

저 해와 달을 거느리고
내일을 좇아 달려왔네

소슬바람에 깨어나 보니
한세월 간데없고
세상엔 이내로 저물어가는구나
푸르스름, 불그레
어둑어둑 잿빛 이내여,
아득하구나

내 눈은 침침하여
이제 영혼의 돋보기를 껴야 할 때

저 아름다운 빛, 황홀한 이내

산마루에 걸린
내 영혼의 풍경이로다

내 집

내 집으로 돌아오는 길
노을처럼 그리움이 번져 오는 때
저녁 식탁을 마련하며 기다리는 정성
한 가족이 만남의 기쁨으로 웃음을 꽃피우니
이날이 어찌 오늘 하루뿐이랴

동구 밖 강물이 흐르듯
편안한 잠자리에 눕는다
헛간의 망아지가
태곳적 그리움을 토할 때
나의 시간은 깨어나
새벽을 향해 나선다

인생 길

지금 내가 서 있는 이 길은
언제부터 열린 길일까

아주 먼 옛날에
하나님이 내어주신 길

얼마나 많은 인생이
이 길을 밟고 지나갔을까

길은 이디에선가 두 길, 세 길로
갈라졌는지 세상 사람은 모른다

지금 내가 가는 길은
쉬지 않고 가야 하는 나 혼자만의 길

가도 가도 그 끝이 어디인지
그분과 나만이 아는 은밀한 약속

선한 목자 韓景職
—1주기에

山城 위의 작은 기도실에서
마지막 은둔의 나날은
이미 이 세상의 욕심이 아니었네
참회의 눈물과 기도 속에는
한국 기독교 百年의 세월,
시련에 부닥쳐 그를 극복해내는
자기 신앙에 도전했던 아쉬움의 역사를
참회함이었네
마지막 남은 시간에
다시 돌아보고, 부족한 것뿐이었다고
회개의 기도로 영원한 하늘나라를 그리워한
선한 목자의 간절함이었네

오늘은 푸근한 봄밤
山城에 울려 퍼지는 소쩍새의 울음이
기다려진다
저마다의 사연으로 얽힌 情을 풀어낸다는
소쩍새가 울면, 또 기다려지고
또 울면 더 기다려지듯
오늘 밤 선한 목자 韓景職 목사님

하늘나라에 가신 지 한 해가 지났구나
생전의 그의 음성
생전의 그의 말씀이 그리운 시간
다시 소쩍새의 울음소리가 기다려진다

지상에 남긴 것 하나없이
검소하고 정직했던
인간 한경직 목사님

한 마리 새처럼 천사의 모습으로
마지막 은둔지 산성에서,
영락교회당에서 다시 뵙기를
우리 모두 머리숙여
主 안에서 우리 모두의 平和를 빕니다

목너미 마을, 소나기 마을
-故 黃順元 선생님 10주기에

오늘은 즐거운 날, 황순원 선생님 만나 뵈러 아침 일찍 떠나왔습니다.

"선생님 안녕하십니까."

오늘은 선생님께서 저희들 곁을 떠나가신 지 10년이 되었습니다.

이곳 '목너미 마을, 소나기 마을'에서 황순원문학제를 벌여온 지 7년째가 되었습니다.

조용조용 그 단정하신 성품으로,

'양지쪽 따스한 곳'에서 '별나라 꿈을 꾸시던'* 세상

그 세상이 목너미 마을, 양평 소나기 마을이 아닌가요

저희들은 그렇게 믿고 있습니다.

언젠가,

"선생님, 선생님께선 왜 명성에 걸맞는 별호를 쓰지 않으십니까?"

"황순원이란 이름 석 자도 간수하기 힘든데……."

라고 저희들의 물음에 답하시었습니다. 그때 저희들은 따로 할 말을 잊었었습니다.

오늘은 선생님께서 사랑해 주시던

많은 제자들, 많은 문학도들, 그 많은 애독자들이,

선생님을 사랑하고 경망敬望해 오던 우리 모두가

선생님이 그리워 찾아왔습니다. 이렇게 찾아와 문안 인사를 드립니다.

"선생님, 오늘은 어떤 이야기책을 들려주시렵니까."

오늘은 참 즐거운 날, 선생님을 뵈러 목너미 마을, 소나기 마을로 가는 날

오늘 아침 선생님을 찾아 소나기 마을로 오는 길엔

여기저기 들길에 허수아비 병정들이 도열하듯 서서 저희들을 안내해주었답니다.

—2010년 9월 14일

* 최근에 찾아낸 황순원 선생님의 동시 「봄 싹」의 두 구절.

Memento mori
–조병화 선생님 영전에

片雲 선생님
오늘 安城 인터체인지를 돌아
선생님께서 즐겨 찾으시던
어머니의 낙원, 편운재 뜨락에 섰습니다
"나는 아직 죽어서 가는 길을 모른다"던
시구詩句의 말씀을 지금 듣고 있습니다
방금, 기침소리가 들린 것 같습니다
선생님께선 화창한 봄날의 고향,
인자한 어머니의 미소를 스케치하던
그 낙원에 지금 살아 계십니다
이제 "세상의 전화벨 소리는 기다리지" 않아도 됩니다
"작별이 올 때 후회하지 않을 정도로 사귀"자고
"작별이 오면 잊어버릴 수 있을 정도로" 악수를 나누자던
시구의 말씀을 지금 듣고 있습니다
베레모와 파이프와 아직 여송연呂宋煙의 향내가 묻어
날리는 스카프를 두르고
세계의 어느 기항지에서 막 돌아와 계실 선생님
방금, 기침소리가 들린 것 같습니다
어머니를 위한 고향의 낙원에서 영원히
안녕하십시오

4부

내가 어디에 머물꼬?

심령이 가난한 자여
네가 게으른 자가 되었구나
마음이 청결한 자여
네가 무지렁이가 되었구나

예수님의 말씀은 묻혀 버리고
사람만의 웅변이, '내가복음' 되어
축복의 낱말들만 춤을 춘다
사탄의 최면에 걸린 듯
북치고 장고치고
예수님의 가르침을 연기演技한다

"내가 어디에 머물꼬?"
예수님은 물으십니다

새 옷, 새 날개를 달고
–3.1절 헌시

청년아, 너에게 용기가 있느냐
호랑이에 잡혀가도 살아 돌아올
당당한 그 정신이 있느냐

대한독립 만세, 소리
힘껏 저어 펄럭이는
태극 깃발의 너울거림이
오늘도 들리지 않느냐
지금도 보이지 않느냐

우리 민족은 하나
우리의 조국도 하나
절대 정의의 절벽 앞에
부서지는 白衣의 파도 되어
하늘 높이 떠도는 갈매기 되어
오늘, 半島에 소리쳐 깨우는 소리

청년아, 듣고 있느냐
지난 세월 우리가 당한 수치의 역사를,
우리 손을 잡아 하나 되어

새 옷, 새 날개를 달고
통일을 향해
세계를 향해 나아가자

겨레 하나 되는 믿음을 향해
우리 내일을 창조하기 위해
뛰자, 뛰어 가자

풍성한 삶

애통하는 자여, 온유한 자여
의에 주리고 목마른 자,
우리들이여, 진실로 나는 사악함이 없는가
솔직하고 정직하게 고백하는 나로부터,
예수님이 함께 계시는 교회
우리 안에 계시는 하나님의 영을
거룩 거룩 찬미하는 제자 되기를
찬송하고 기도하는 제자 되기를

화평케 하는 자
의를 위해 고통을 인내하는 자
심령이 가난한 자
마음이 청결한 자 되어
참 아름다운 교회
미쁘신 예수님의 마음을
십자가로 새겨 둡니다

영원한 새날을 주시는 분에게

우리에게 일용할 양식을 주시고,
오늘 또 다시 '새해'를 선물로 주시는 분에게
감사기도 드리세
내 삶에 새 소망이 샘물처럼 솟아나고
내 영혼에 기쁨과 평안의 새날을
무지개처럼 이어 주시는 분에게
감사기도 드리세

이른 아침 이슬의 투명한 생명성
밤하늘에 반짝이는 별들의 노래
이 아름다운 세상에
우리에게 일용할 양식을 주시고
영원한 '새해'를 주시는 분에게
감사의 노래 지어 부르세
영광의 하나님께 찬양의 시로 화답하세

영원한 소망, 새날을 맞이하라
—1999년 새해 아침에

보라 새날이 탄생하였구나
이제 가는 한 해는 등짐에 지고
더 많은 일들을, 더 많은 새것을 누릴 수 있으니
오늘은 축복의 날이로다

어둠에 잠긴 대륙의 한쪽
모두들 깊은 잠에 빠져 새록새록 꿈속에 있을 때
우리는 새날, 새해를 맞이하니
감격이 크도다 이 생명 살아 있어
끝내 보이지 않는 우주의 비밀,
그 영원한 비밀은
새해를 맞는 우리에게 주신 축복일레라

소망으로 가득찬 이 아침 솟는 해를 보라
우리가 돌아볼 수 있는 흔적은 잠시요
이제 돌아보아도 보이지 않는 것
기억의 등짐으로 쌓아 둔 일이나
미래에 올 영원한 것들을 채근해 보아야 한다

고난과 눈물을 삼키며 오늘에까지 왔음이

이 아침에 새 소망의 기쁨을 주도다
우리에게 주시는 축복의 날이 아닌가
너와 내가 없이 모두가
한 목소리로 찬양하세

지상의 목표를 위해
수고하고 땀 흘려 일해야 하지 않겠는가
선한 대한의 백성이 되어
북의 동포가 우리 곁으로

주님 곁으로 돌아올 수 있는

기적의 역사를 기원하며
새해의 축가를 부르자

우리의 눈으로는 보이지 않는 것
영원한 소망, 영원한 구원의 새날을 위해

"이전 것은 지나갔으니 보라 새것이 되었도다"
이전 것 지나갔으니 보라 새것이 되었도다

이 아침 첫 말씀으로 새기라

첫 열매가 되신 예수님
—부활절 축시

산자락, 골짜기에는 아직 죽음의 계절,
마른 뼈들이 널려 있는 골짜기에서
잠든 초목이 매서운 바람 속에 신음할 때
여호와의 말씀하시었네. 마른 뼈들을 향해
"내가 생기로 너희에게 들어가게 하리니 너희가 살리라"

나사로의 무덤을 찾아가신 예수님
막힌 돌문을 열라 하고
"나사로야 나오라" 하니
나사로가 살아서 걸어나오니라

이 봄에도 골고다 언덕의 핏빛 진달래가 피어납니다
오늘, 우리들 마음속에 하얀 목련꽃이 피어납니다
천지에 우리 주님은 부활하십니다
죽음에서 살아 제자들에게 나타나시어
"너희에게 평강이 있을 지어다"
죽음에서 첫 열매가 되신 예수님,
나의 생명이 되신 예수님
천하 만민의 구세주로 살아 오시었습니다

와서 보라
—부활 축시

죽은 자의 무덤을 찾는 여인들이여
그대들에게 축복이 임하였도다
죽은 자, 예수님이 살았도다
가장 먼저 찾아 온 여인들이여
축복이로다

천지가 흔들리고 빛을 발하며
눈부시게 흰 옷자락으로
거기 천사가 있더니
낙담하고 절망한 여인들에게
무서워 말라
예수님은 살아나시고 이미 떠나셨도다
와서 보라
돌문이 열리고 빈 무덤뿐이라
경악과 두려움뿐이라
천사의 음성에 귀 기울이니
아, 예수님 부활하셨네
슬픔과 연민이
기쁨이 되고 영생이 되었도다

갈릴리 길 다시 사신 자를
가장 먼저 찾아낸 자여
그 여인들에 큰 축복이요
인류에겐 영생이라
어서 가자, 이 기쁜 소식
만방에 전하러 가자

부활

죽음에서 살아나는 땅
침묵을 깨치고 퍼져가는 하늘
온 세상을 밝히고
이제 일어서는 자를 보라
아무도 도울 수 없는 시대
스스로 말씀이 되어 살아난다

얼었던 강물이 녹자
고기 떼가 한 줄로 날아오른다
하늘 높이 기러기 가듯 날아간다
밤이 되자 별들의 합창이 메아리 친다
별들이 날개를 달고 내려 온다
쏜살같이
우리들 심장에 와서 박힌다
古木이 뿌리 뽑혀
고갯길을 걸어온다
돌멩이들이 줄지어 굴러간다

아무도 말할 수 없는 사태
더는 상상할 수 없는 절벽

말씀으로 일어서는 자를 보라
이제 세상은 새롭게 살아나고
새 생명이 탄생한다

부활, 영생의 아침에

1

"다 이루었다"

가시 면류관을 씌우고
자줏빛 옷을 입혀
무리 앞에 끌어내어
조롱하더니

드디어 예수는
자신이 매어 달릴 십자가를 지고
골고다에 오르니라
숨이 다하는 순간

"다 이루었다"

그의 죽음은
자발적이요 능동적이었으니
스스로 하나님의 아들임을
증거하심이라
육신의 고통을 견디시는

불의不義의 함성을
두려워하지 않는
부활의 구속사를 위해

"다 이루었다"

마지막 한 마디
"너희에게 평강이 있을지어다 아버지
께서 나를 보내신 것같이 나도 너희를 보내노라"

다시 사시었네
자신의 육신은
영의 몸을 하시고
제자들 앞에서 축복하시니
그의 부활은
나의 영생이었네

2
오늘은 금식이다

들을 지나 산 위에까지
한 발 한 발 맨발로
걸어서 오르리라
진달래가 질펀히 산야를 물들이는
이천 년 전의 이날
골고다를 오르던 그의 고난을
오늘 나는 체험하리라

"다 이루었다"

마지막 한 마디 그 메아리를
나는 듣기 위해
오늘은 금식이다

예수님의 부활은
나의 기쁨, 나의 소망
부활의 신앙으로 체험하리라

첫 번째 크리스마스의 추억

추운 북극의 허허벌판
호롱불을 앞세우고 매운 바람에 가물대는,
이 마을 저 마을을 찾아 나서던 밤
북두칠성 별자리를 익히며
동방박사들의 행로를 그리던
내 첫 번째 크리스마스의 추억은
지금도 살아있는 감동

마을 어귀에 다다라선 초롱불 끄고
발자국 소리도, 기침소리도 죽여
잠든 마을을 깨우리라
아기 예수님 오신 기쁜 소식
“기쁘다 구주 오셨네”를 노래하던
내 첫 번째 크리스마스는
지금도 살아 숨쉬는 감격

예수부활 만만세

1
너희가 "평안하뇨"
부활하신 예수께서 하신 첫 마디
"무서워 말라 가서 내 형제들에게 갈릴리로 가라 하라
거기서 나를 보리라"

놀라워라, 그가 누웠던 무덤은 문이 열리고
예수는 부활하여 걸어 나왔네

2
그가 이 세상에 오실 때
기쁨과 영광으로 축복하였네
그의 온갖 수난과 십자가 형틀 위의 죽음은
웬 수모였나 웬 고문이었나

우리를 죄에서 구원하기 위해
스스로 모욕과 저주를 받아
"엘리 엘리 라마 사박다니"
(나의 하나님, 나의 하나님, 어찌하여 나를 버리셨나이까)
죽임의 고통을 감내하신 그가

우리 죄인을 대속하고 부활하셨네

너희가 "평안하뇨"
"모든 족속으로 제자를 삼아
아버지와 아들과 성령의 이름으로 세례를 주라
제가 세상 끝날까지 너희와 항상 함께 있으리라"

할렐루야 할렐루야
예수 부활 만만세

맨 처음 천사의 음성을 들은 자여

밤하늘엔 별들이 총총
들판엔 양 떼가 잠들어
화평의 세상, 양 치던 목자도
깜박 깜박 비몽사몽이로다

환하게 빛을 뿌리며
천군 천사들이 내려오시네
—큰 기쁨의 소식 너희에게 전하노라
목자들의 귀가 열리니
—다윗의 마을로 가라
—거기 구주께서 났으니 그가 곧 그리스도 주시니라
—강보에 싸인 아기 예수를 너희 눈으로 보리라

평화로다 영광이로다
지극히 높은 곳에서는 하나님께 영광이요
땅에서는 기뻐하심을 입은 사람들
그 사람들 중에 평화가 임하리라
아기 예수 이 땅에 오셨네
맨 처음 귀에 들린 천사의 음성

아기 예수 이 땅에 오셨네
헤롯왕의 땅
지혜 박사, 동방의 세 분이 눈짓하는 별을 보았네
이 경이로운 밤
별을 보고 따라가니
베들레헴 말구유에 누운 아기 예수

지혜 박사들은
황금, 유향과 몰약으로 예물을 들여

경배하누나
영광이로다, 기쁨이로다
처음 눈에 뜨인 별들의 눈짓
동방 박사들의 축하
세상 만민의 경배를 받으시는
아기 예수, 인류의 구주 오셨네
노엘, 노엘 다 함께 경배하세

문학의전당에서 출간된 박이도 시집
자연학습(2008)

문학의전당 · 시인선 101
어느 인생

초판 1쇄 발행 2010년 11월 5일
초판 2쇄 발행 2011년 11월 9일

지 은 이 박이도
펴 낸 이 김충규
펴 낸 곳 문학의전당
출판등록 제387-2003-00048호(2003년 9월 8일)

주 소 420-752 경기 부천시 원미구 상동 392 한아름마을 1511-1603
편 집 실 121-718 서울시 마포구 공덕동 404 풍림VIP빌딩 413호
대표전화 02-852-1977
팩시밀리 02-852-1978
전자우편 mhjd2003@naver.com
블 로 그 http://blog.naver.com/mhjd2003

ISBN 978-89-93481-72-3 03810